Impressum
Verlag: BABADADA GmbH, Nedderfeld 112 , 22529 Hamburg
Geschäftsführer / Verlagsleitung: Harald Hof
Druck: Books on Demand GmbH, In de Tarpen 42, 22848 Norderstedt

Imprint
Publisher: BABADADA GmbH, Nedderfeld 112 , 22529 Hamburg, Germany
Managing Director / Publishing direction: Harald Hof
Print: Books on Demand GmbH, In de Tarpen 42, 22848 Norderstedt

skola
okul

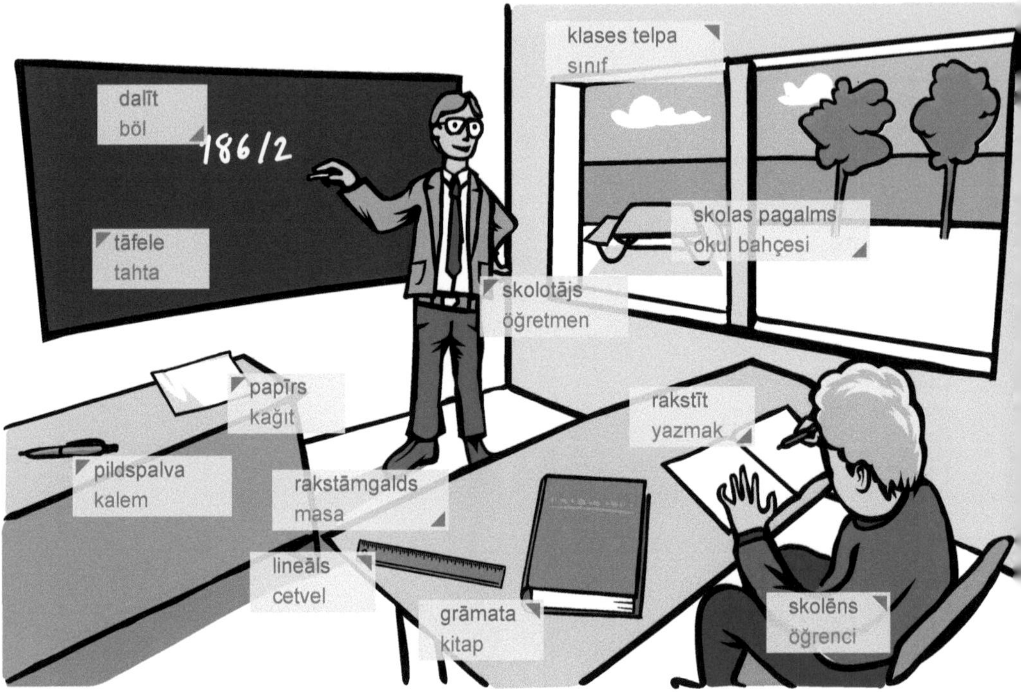
klases telpa
sınıf
dalīt
böl
186/2
tāfele
tahta
skolas pagalms
okul bahçesi
skolotājs
öğretmen
papīrs
kağıt
rakstīt
yazmak
pildspalva
kalem
rakstāmgalds
masa
lineāls
cetvel
grāmata
kitap
skolēns
öğrenci

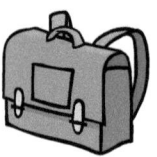

skolas soma
okul çantası

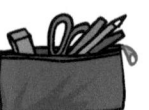

penālis
kalemlik

zīmulis
kurşun kalem

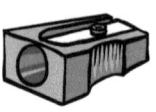

zīmuļu asināmais
kalem açacağı

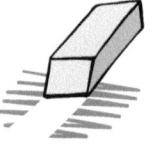

dzēšgumija
silgi

zīmēšanas bloks
çizim defteri

zīmējums

çizim

ota

resim fırçası

krāsas

boya kutusu

šķēres

makas

līme

tutkal

darba burtnīca

alıştırma kitabı

mājas darbs

ödev

skaitlis

sayı

saskaitīt

ekle

atņemt

çıkar

reizināt

çarp

rēķināt

hesapla

burts

harf

alfabēts

alfabe

vārds

kelime

teksts
....
metin

lasīt
....
okumak

krīts
....
tebeşir

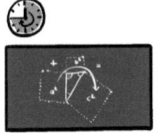

mācību stunda
....
ders

žurnāls
....
kayıt

eksāmens
....
sınav

liecība
....
sertifika

skolas forma
....
okul forması

izglītība
....
eğitim

enciklopēdija
....
ansiklopedi

universitāte
....
üniversite

mikroskops
....
mikroskop

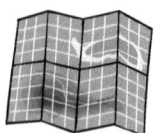

karte
....
harita

papīrgrozs
....
kağıt çöp kutusu

viesnīca
otel

hostelis
pansiyon

Grand

ROOMS

valūtas maiņas punkts
döviz bürosu

EXCHANGE

čemodāns
bavul

automašīna
otomobil

		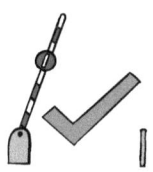
Valoda	jā / nē	Okay
dil	evet / hayır	Tamam

Sveiki!	tulks	paldies
merhaba	çevirmen	Teşekkür ederim

Cik maksā...?

bu ... ne kadar?

Es nesaprotu

anlamadım

problēma

problem

Labvakar!

İyi akşamlar!

Labrīt!

Günaydın!

Ar labu nakti!

İyi geceler!

Uz redzēšanos

güle güle

virziens

yön

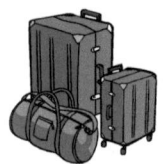

bagāža

bagaj

soma

çanta

mugursoma

sırt çantası

viesis

misafir

istaba

oda

guļammaiss

uyku tulumu

telts

çadır

tūrisma informācija

turist danışma

pludmale

sahil

kredītkarte

kredi kartı

brokastis

kahvaltı

pusdienas

öğle yemeği

vakariņas

akşam yemeği

biļete

Bilet

lifts

asansör

pastmarka

pul

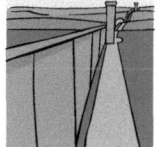

robeža

sınır

muita

gümrük

vēstniecība

elçilik

vīza

vize

pase

pasaport

transports

ulaşım

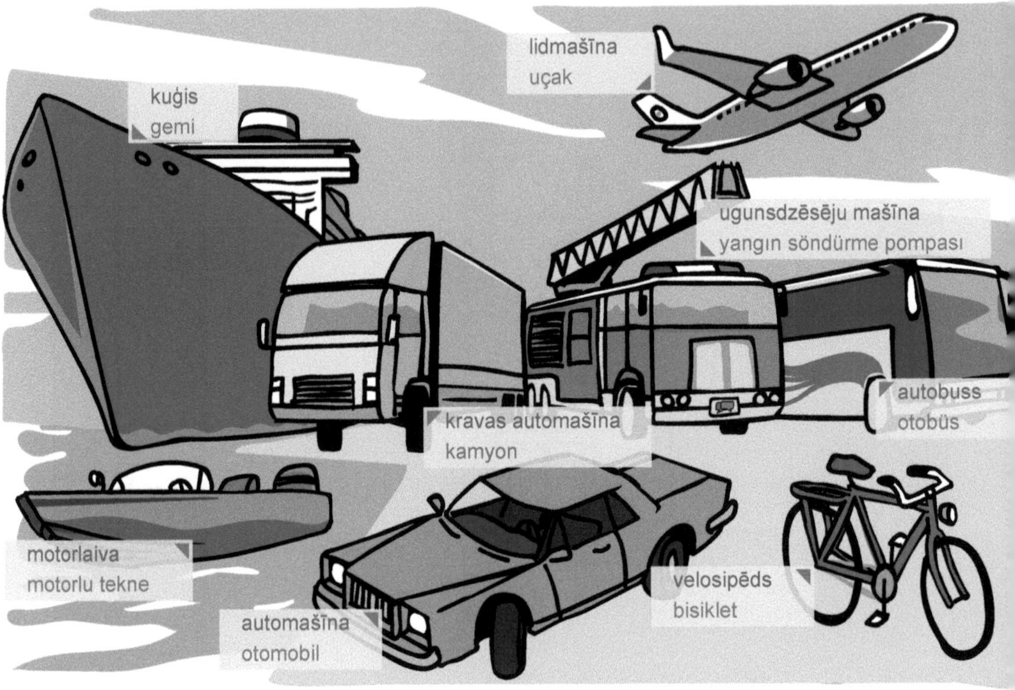
lidmašīna
uçak
kuģis
gemi
ugunsdzēsēju mašīna
yangın söndürme pompası
autobuss
otobüs
kravas automašīna
kamyon
motorlaiva
motorlu tekne
velosipēds
bisiklet
automašīna
otomobil

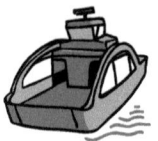

prāmis

feribot

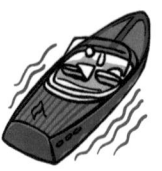

laiva

bot

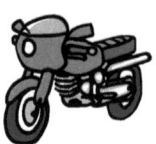

motocikls

motosiklet

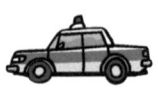

policijas automašīna

polis arabası

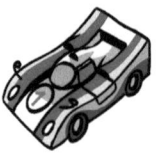

sacīkšu automobilis

yarış arabası

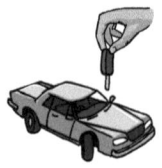

nomas auto

kiralık araba

auto koplietošana

ortak araba

evakuators

çekici

atkritumu mašīna

çöp kamyonu

dzinējs

motor

benzīns

yakıt

degvielas uzpildes stacija

benzinlik

ceļa zīme

trafik işareti

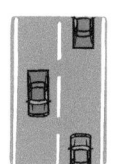

satiksme

trafik

sastrēgums

trafik sıkışıklığı

stāvvieta

otopark

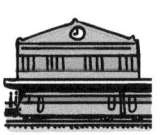

dzelzceļa stacija

tren istasyonu

sliedes

ray

vilciens

tren

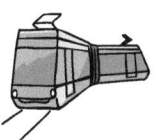

tramvajs

tramvay

vagons

vagon

helikopters

helikopter

lidosta

havaalanı

tornis

kule

pasažieris

yolcu

konteiners

konteyner

kaste

koli

ratiņi

yük arabası

grozs

sepet

pacelties / nosēsties

kalkış / iniş

pilsēta
şehir

ciems

köy

pilsētas centrs

şehir merkezi

māja

ev

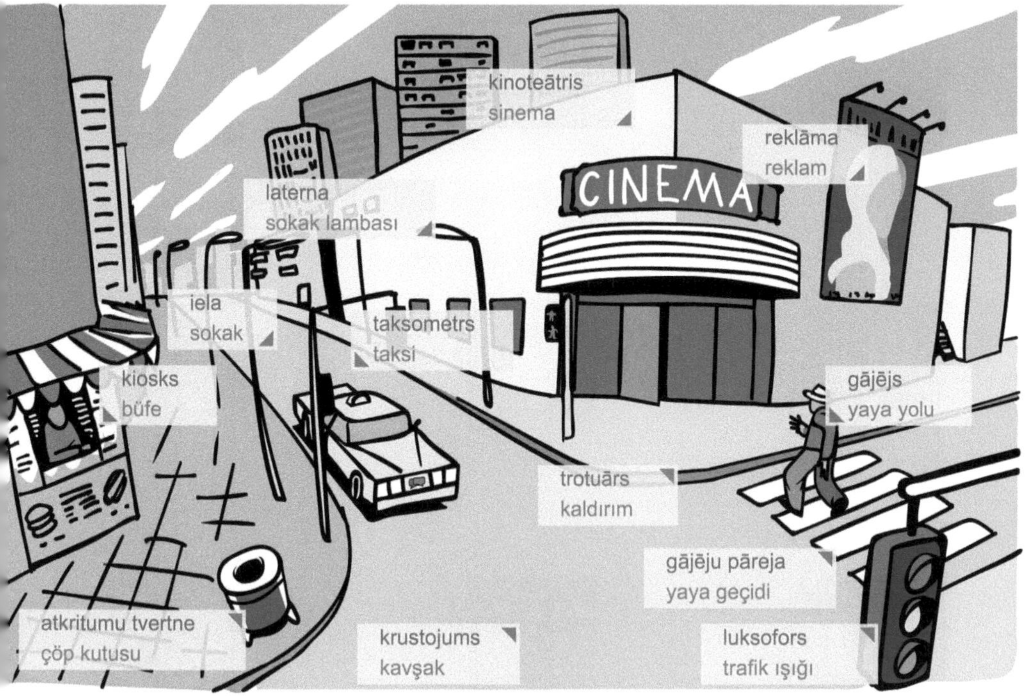

kinoteātris
sinema
reklāma
reklam
CINEMA
laterna
sokak lambası
iela
sokak
taksometrs
taksi
kiosks
büfe
gājējs
yaya yolu
trotuārs
kaldırım
gājēju pāreja
yaya geçidi
atkritumu tvertne
çöp kutusu
krustojums
kavşak
luksofors
trafik ışığı

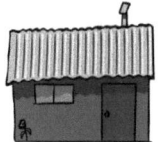

būda

kulübe

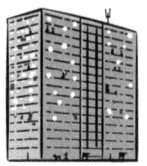

dzīvoklis

apartman dairesi

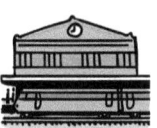

dzelzceļa stacija

tren istasyonu

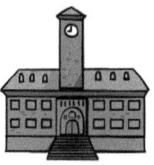

rātsnams

belediye binası

MUSEUM

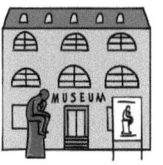

muzejs

müze

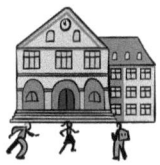

skola

okul

universitāte
üniversite

banka
banka

slimnīca
hastane

viesnīca
otel

aptieka
eczane

birojs
ofis

grāmatnīca
kitapçı

veikals
mağaza

ziedu veikals
çiçekçi

lielveikals
süpermarket

tirgus
market

tirdzniecības centrs
büyük mağaza

zivju tirgotājs
balık satıcısı

tirdzniecības centrs
alışveriş merkezi

osta
liman

parks
park

sols
bank

tilts
köprü

kāpnes
merdiven

metro
metro

tunelis
tünel

autobusa pieturvieta
otobüs durağı

bārs
bar

restorāns
restoran

pastkastīte
posta kutusu

ielas nosaukuma plāksne
sokak tabelası

stāvlaika skaitītājs
otopark sayacı

zooloģiskais dārzs
hayvanat bahçesi

peldbaseins
yüzme havuzu

mošeja
cami

zemnieku saimniecība
....
çiftlik

vides piesārņojums
....
kirlilik

kapsēta
....
mezarlık

baznīca
....
kilise

spēļu laukums
....
oyun alanı

templis
....
tapınak

ainava
arazi

lapa
yaprak

ceļrādis
yön tabelası

ceļš
yol

pļava
çayır

akmens
taş

koks
ağaç

ceļotājs
yürüyüşçü

upe
ırmak

zāle
çimen

puķe
çiçek

ieleja

vadi

kalns

tepe

ezers

göl

mežs

orman

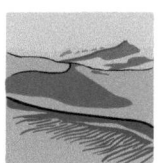

tuksnesis

çöl

vulkāns

volkan

pils

kale

varavīksne

gökkuşağı

sēne

mantar

palma

palmiye

moskīts

sivrisinek

muša

sinek

skudra

karınca

bite

arı

zirneklis

örümcek

vabole

böcek

varde

kurbağa

vāvere

sincap

ezis

kirpi

zaķis

yabani tavşan

pūce

baykuş

putns

kuş

gulbis

kuğu

meža cūka

yaban domuzu

briedis

geyik

alnis

geyik

aizsprosts

baraj

vēja ģenerators

rüzgar türbini

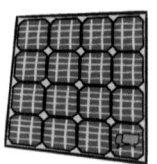

saules baterija

güneş paneli

klimats

iklim

restorāns

restoran

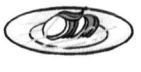

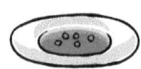

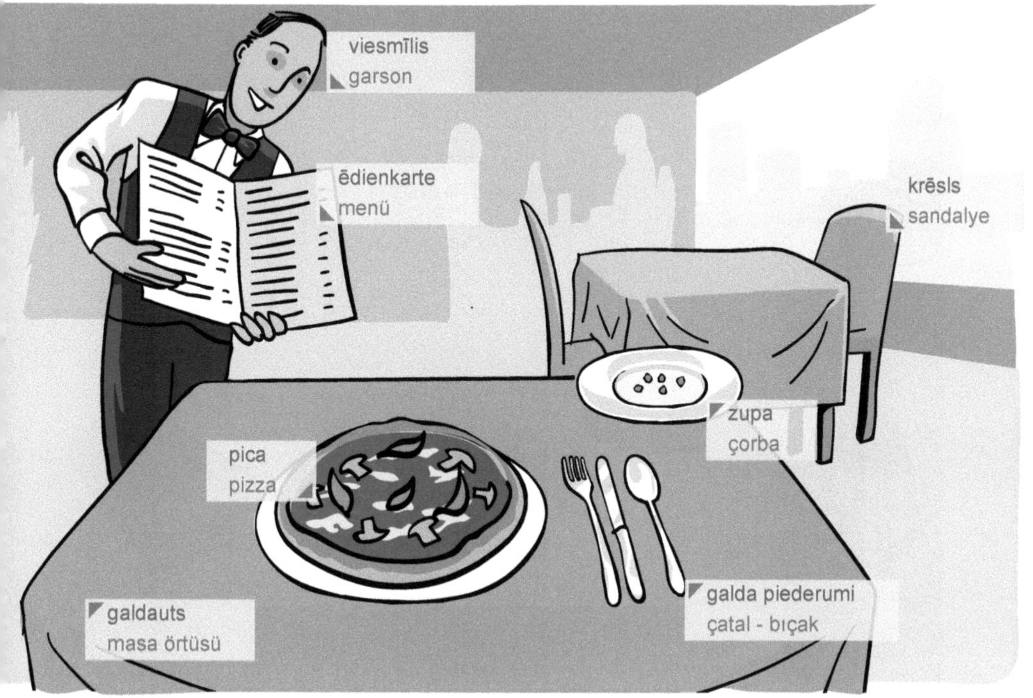

viesmīlis
garson
ēdienkarte
menü
krēsls
sandalye
zupa
çorba
pica
pizza
galdauts
masa örtüsü
galda piederumi
çatal - bıçak

uzkoda

başlangıç

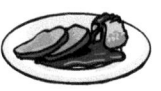

pamatēdiens

ana yemek

deserts

tatlı

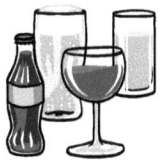

dzērieni

içecekler

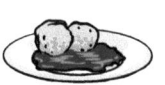

ēdiens

yemek

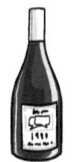

pudele

şişe

ātrās uzkodas

fastfood

ielu uzkodas

sokak yemeği

tējkanna

çaydanlık

cukurtrauks

şekerlik

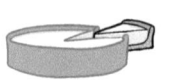

porcija

porsiyon

espresso kafijas automāts

espresso makinesi

bāra krēsls

mama sandalyesi

rēķins

fatura

paplāte

tepsi

nazis

bıçak

dakša

çatal

karote

kaşık

tējkarote

çay kaşığı

salvete

servis peçetesi

glāze

bardak

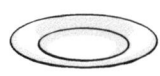

šķīvis
tabak

zupas šķīvis
çorba kasesi

apakštase
fincan altlığı

mērce
sos

sāls trauciņš
tuzluk

piparu dzirnaviņas
karabiber değirmeni

etiķis
sirke

eļļa
yağ

garšvielas
baharat

kečups
ketçap

sinepes
hardal

majonēze
mayonez

lielveikals
süpermarket

piedāvājums
özel teklif
FOR
klients
müşteri
piena produkti
süt ürünleri
augļi
meyve
iepirkumu ratiņi
alışveriş arabası

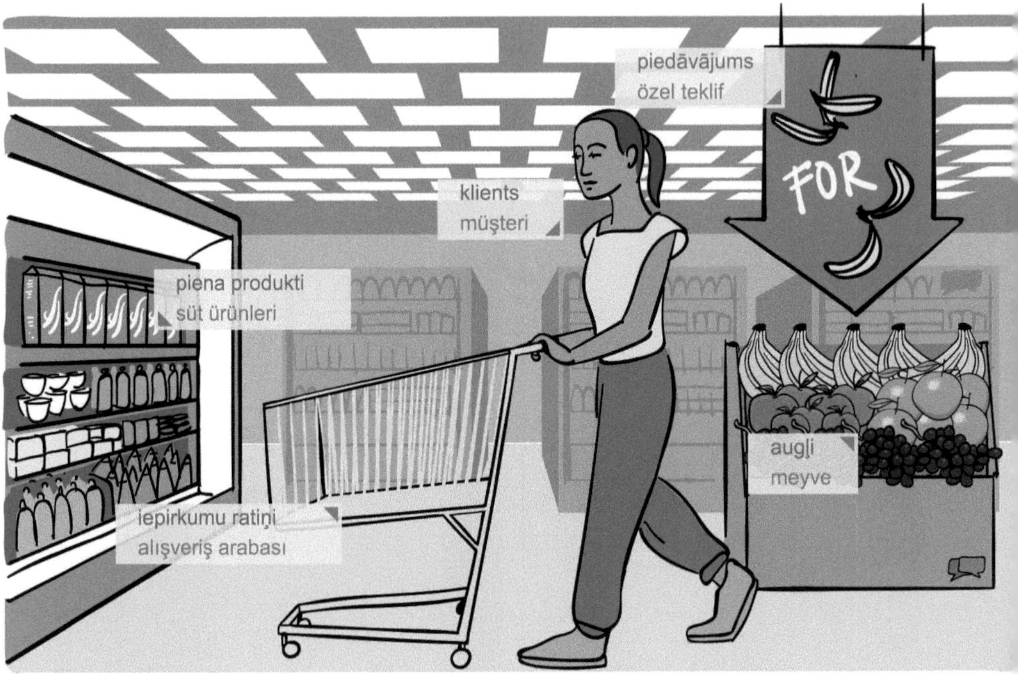

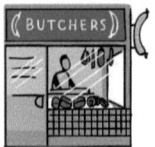

BUTCHERS

kautuve
kasap

BAKERY

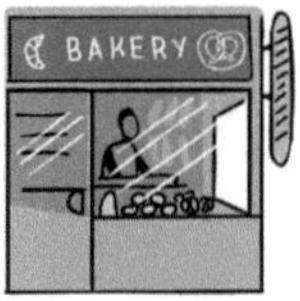

maizes veikals
fırın

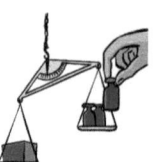

svērt
tartmak

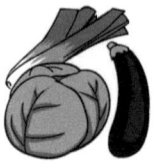

dārzeņi
sebze

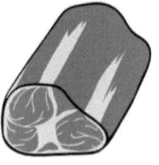

gaļa
et

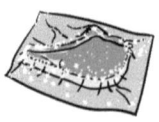

saldēti produkti
donmuş gıda

aukstās gaļas uzkodas

söğüş et

konservi

konserve yiyecek

pulveris

toz deterjan

saldumi

şekerlemeler

mājsaimniecības preces

ev temizlik ürünleri

tīrīšanas līdzeklis

temizlik ürünleri

pārdevēja

satış görevlisi

kase

yazar kasa

kasieris

kasiyer

iepirkumu saraksts

alışveriş listesi

darba laiks

açılış saatleri

maks

cüzdan

kredītkarte

kredi kartı

soma

çanta

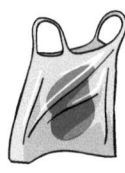

maisiņš

plastik poşet

lielveikals - süpermarket

ūdens

su

sula

meyve suyu

piens

süt

kola

kola

vīns

şarap

alus

bira

alkohols

alkol

kakao

kakao

tēja

çay

kafija

kahve

espresso

espresso

kapučīno

kapuçino

banāns
muz

ābols
elma

apelsīns
portakal

melone
kavun

citrons
limon

burkāns
havuç

ķiploks
sarımsak

bambuss
bambu

sīpols
soğan

sēne
mantar

rieksti
çerez

makaroni
makarna

spageti

spagetti

rīsi

pirinç

salāti

salata

frī kartupeļi

cips

cepti kartupeļi

patates kızartması

pica

pizza

hamburgers

hamburger

sviestmaize

sandviç

šnicele

şinitzel

šķiņķis

pastırma

salami

salam

desa

sosis

vista

tavuk

cepetis

rosto

zivs

balık

auzu pārslas

yulaf ezmesi

muslis

müsli

brokastu pārslas

mısır gevreği

milti

un

radziņš

kruvasan

brokastu maizītes

küçük ekmek

maize

ekmek

tostermaize

tost

cepumi

bisküvi

sviests

tereyağı

biezpiens

kaymak

kūka

kek

ola

yumurta

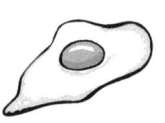

cepta ola

sahanda yumurta

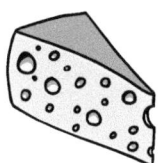

siers

peynir

saldējums
....
dondurma

cukurs
....
şeker

medus
....
bal

marmelāde
....
reçel

riekstu krēms
....
fındık ezmesi

karijs
....
köri

ēdiens - yemek

zemnieku saimniecība
çiftlik

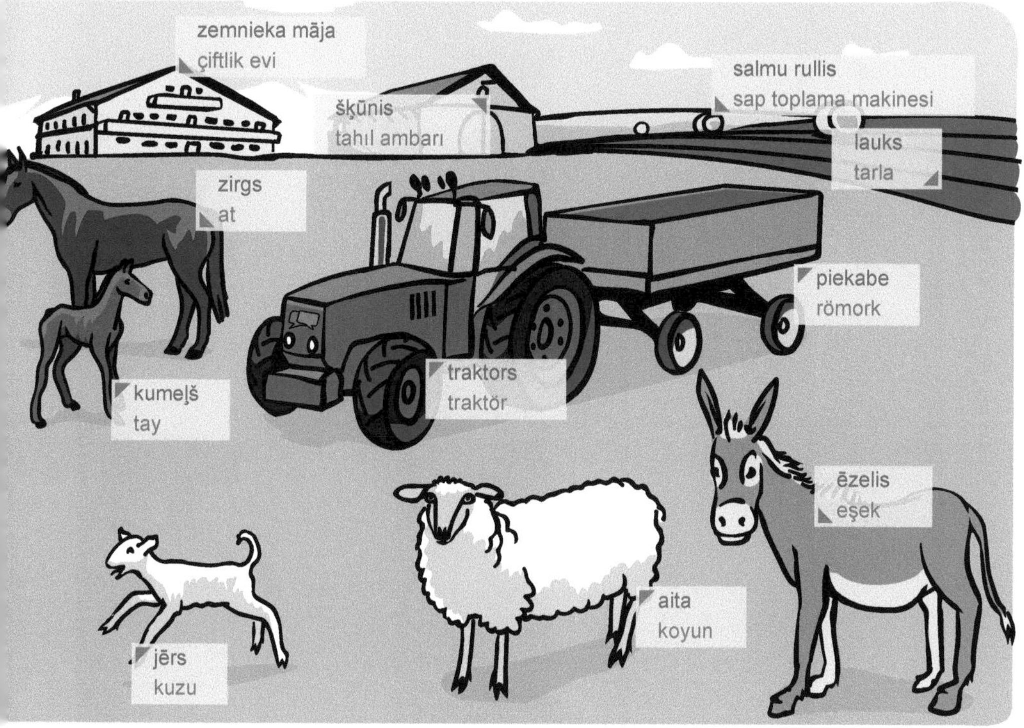
zemnieka māja
çiftlik evi
šķūnis
tahıl ambarı
salmu rullis
sap toplama makinesi
lauks
tarla
zirgs
at
piekabe
römork
traktors
traktör
kumeļš
tay
ēzelis
eşek
aita
koyun
jērs
kuzu

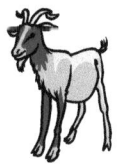

kaza
keçi

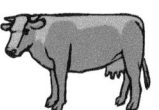

govs
inek

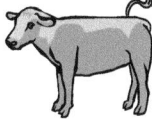

teļš
buzağı

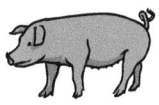

cūka
domuz

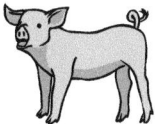

sivēns
domuz yavrusu

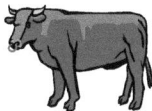

bullis
boğa

zoss

kaz

pīle

ördek

cālis

civciv

vista

tavuk

gailis

horoz

žurka

sıçan

kaķis

kedi

pele

fare

vērsis

öküz

suns

köpek

suņa būda

köpek kulübesi

dārza šļūtene

bahçe hortumu

lejkanna

sulama kabı

izkapts

tırpan

arkls

pulluk

sirpis

orak

kaplis

çapa

mēslu dakša

dirgen

cirvis

balta

ķerra

el arabası

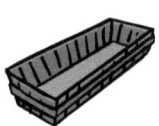

sile

yemlik

piena kanna

süt kovası

maiss

çuval

žogs

çit

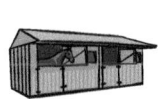

kūts

ahır

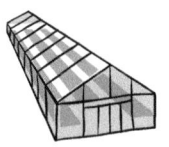

siltumnīca

sera

augsne

toprak

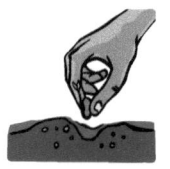

sēklas

tohum

mēslojums

gübre

kombains

biçerdöver

novākt ražu

hasat etmek

raža

harman

jamss

tatlı patates

kvieši

buğday

soja

soya

kartupelis

patates

kukurūza

mısır

rapsis

kolza

augļu koks

meyve ağacı

manioka

manyok

labība

hububat

skurstenis
baca

jumts
çatı

lietus noteka
yağmur oluğu

logs
pencere

garāža
garaj

durvju zvans
kapı zili

durvis
kapı

atkritumu spainis
çöp kutusu

pastkastīte
posta kutusu

dārzs
bahçe

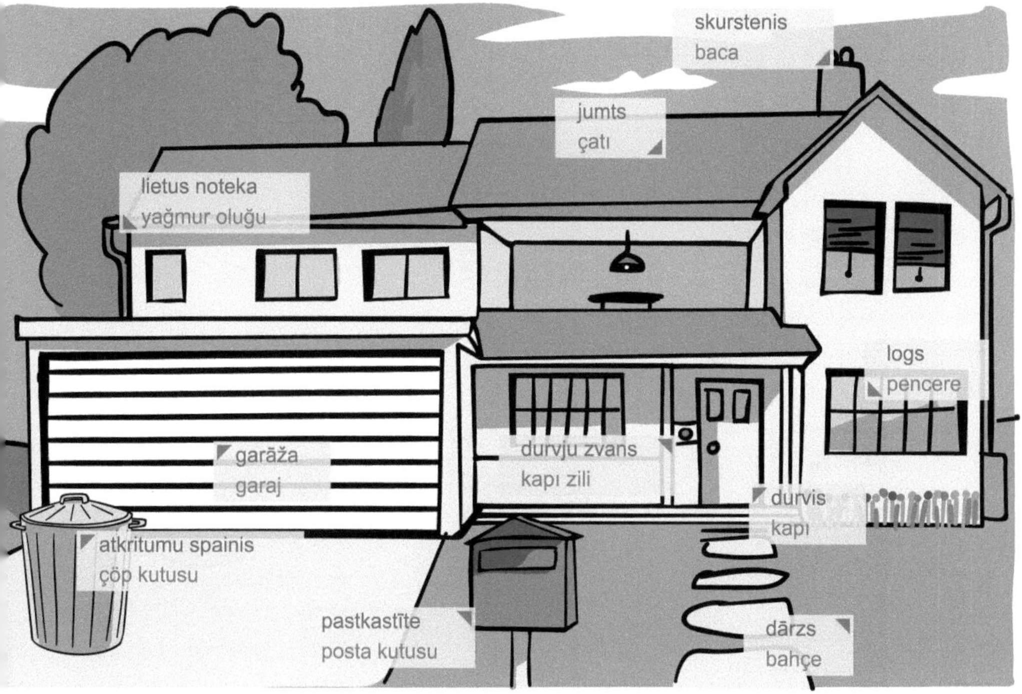

viesistaba
oturma odası

vannas istaba
banyo

virtuve
mutfak

guļamistaba
yatak odası

bērnu istaba
çocuk odası

ēdamistaba
yemek odası

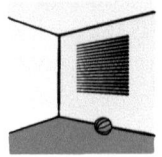

grīda
zemin

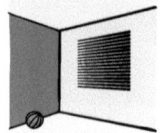

siena
duvar

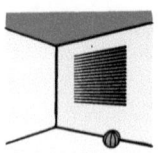

griesti
tavan

pagrabs
kiler

sauna
sauna

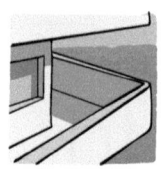

balkons
balkon

terase
teras

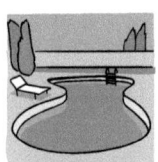

baseins
havuz

zāles pļāvējs
çim biçme makinesi

gultas veļa
çarşaf

sega
yatak örtüsü

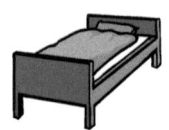

gulta
yatak

slota
süpürge

spainis
kova

slēdzis
anahtar

viesistaba
oturma odası

tapetes
duvar kağıdı
attēls
resim
lampa
lamba
plaukts
raf
skapis
dolap
televizors
televizyon
kamīns
şömine
puķe
çiçek
spilvens
minder
dīvāns
kanepe
vāze
vazo
tālvadības pults
uzaktan kumanda

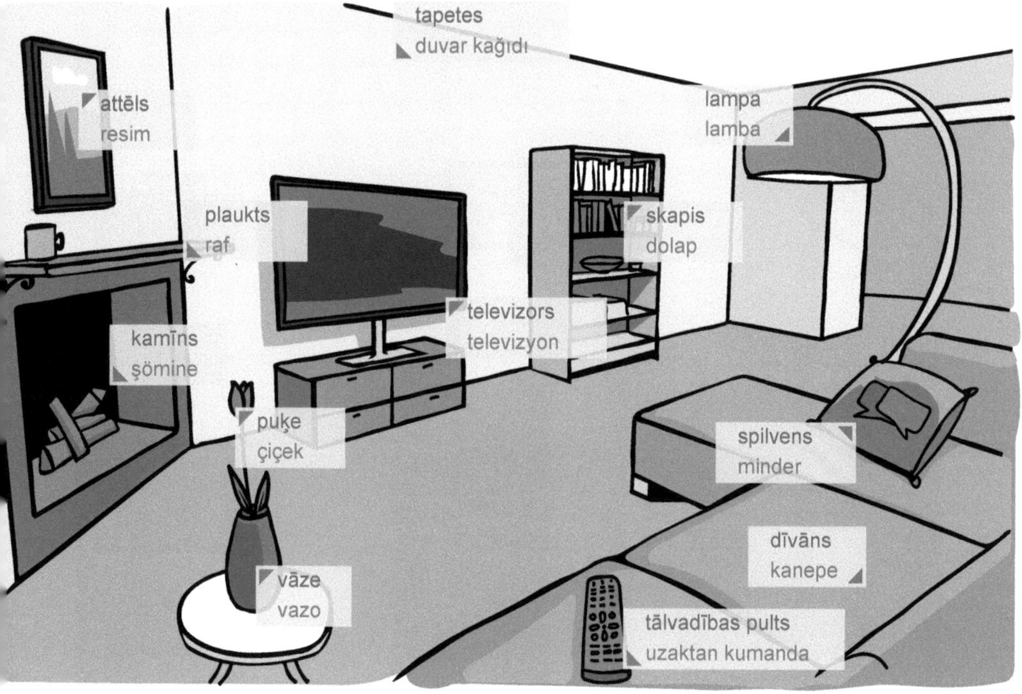

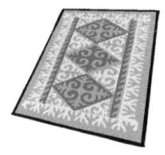

paklājs
halı

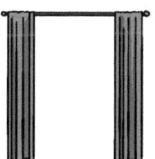

aizkars
perde

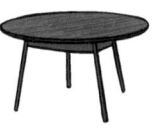

galds
masa

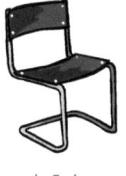

krēsls
sandalye

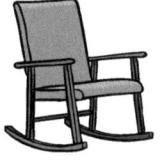

šūpuļkrēsls
salıncaklı koltuk

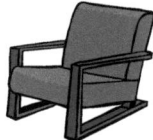

atpūtas krēsls
koltuk

grāmata
kitap

sega
battaniye

dekorācija
dekor

malka
odun

filma
film

mūzikas centrs
hi-fi

atslēga
anahtar

avīze
gazete

glezna
tablo

plakāts
poster

radio
radyo

pierakstu blociņš
defter

putekļu sūcējs
elektrikli süpürge

kaktuss
kaktüs

svece
mum

virtuve
mutfak

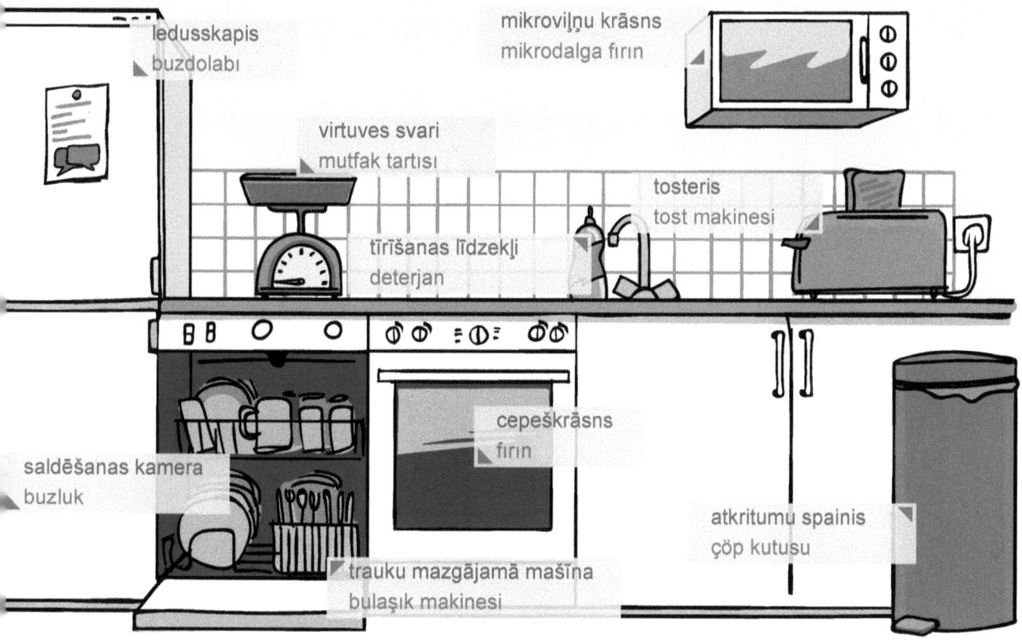

ledusskapis
buzdolabı
mikroviļņu krāsns
mikrodalga fırın
virtuves svari
mutfak tartısı
tosteris
tost makinesi
tīrīšanas līdzekļi
deterjan
cepeškrāsns
fırın
saldēšanas kamera
buzluk
atkritumu spainis
çöp kutusu
trauku mazgājamā mašīna
bulaşık makinesi

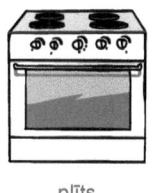

plīts

ocak

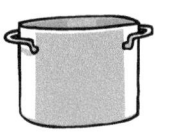

pods

tencere

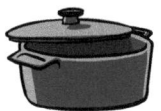

katls

döküm tencere

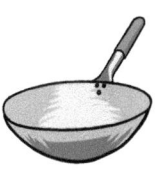

Wok panna

wok

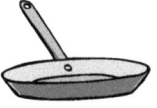

panna

tava

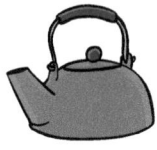

elektriskā tējkanna

su ısıtıcı

tvaika katls

buharlı pişirici

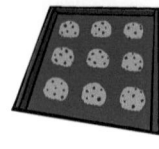

cepešpanna

pişirme tepsisi

trauki

tabak takımı

krūze

kupa

bļoda

kase

irbulīši

çubuk (çin yemeği)

kauss

kepçe

lāpstiņa

spatula

putošanas slotiņa

çırpma teli

sietiņš

süzgeç

siets

elek

rīve

rende

piesta

havan

grilēt

barbekü

atklāts pavards

açık ateş

dēlis

kesme tahtası

mīklas rullis

merdane

korķu viļķis

tirbüşon

bundža

konserve kutusu

konservu nazis

konserve açacağı

virtuves cimdi

fırın eldiveni

izlietne

evye

birste

fırça

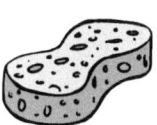

sūklis

sünger

mikseris

blender

saldētava

derin dondurucu

bērna pudelīte

biberon

ūdenskrāns

musluk

virtuve - mutfak

vannas istaba
banyo

apkure
ısıtma
dvielis
havlu
duša
duş
dušas aizkari
duş perdesi
vannas putas
köpük banyosu
vanna
küvet
glāze
bardak
veļas mašīna
çamaşır makinesi
ūdenskrāns
musluk
flīzes
fayans
podiņš
lazımlık
izlietne
evye

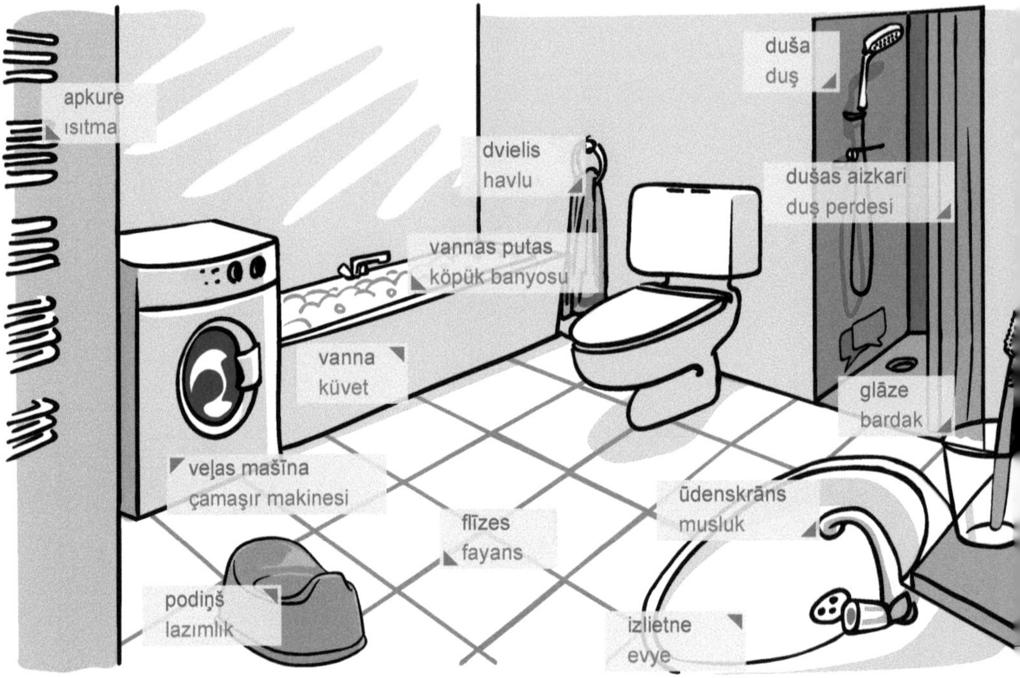

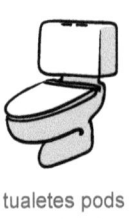

tualetes pods
tuvalet

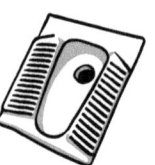

Āzijas tipa tualete
alaturka tuvalet

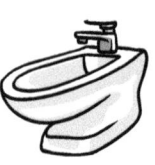

bidē
bide

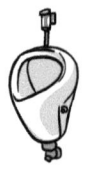

pisuārs
pisuvar

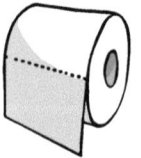

tualetes papīs
tuvalet kağıdı

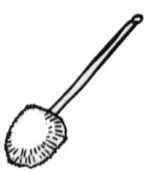

tualetes birste
tuvalet fırçası

zobu birste

diş fırçası

zobu pasta

diş macunu

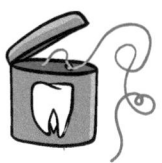

zobu diegs

diş ipi

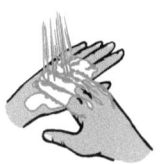

mazgāt

yıkamak

rokas duša

duş başlığı

duša

duş başlığı şeklinde taharet musluğu

bļoda

küvet

muguras mazgāšanas birste

banyo fırçası

ziepes

sabun

dušas želeja

duş jeli

šampūns

şampuan

mazgāšanas drāna

banyo lifi

noteka

gider

krēms

krem

dezodorants

deodorant

spogulis

ayna

spogulītis

el aynası

skuveklis

jilet

skūšanās putas

tıraş köpüğü

losjons pēc skūšanās

tıraş losyonu

ķemme

tarak

matu suka

fırça

matu fēns

saç kurutma makinesi

matu laka

saç spreyi

grima komplekts

makyaj

lūpu krāsa

ruj

nagulaka

tırnak cilası

vate

pamuk

šķērītes

tırnak makası

smaržas

parfüm

kosmētikas maks

makyaj çantası

ķeblītis

tabure

svari

tartı

halāts

bornoz

tīrīšanas cimdi

lastik eldiven

tampons

tampon

pakete

kadın pedi

ķīmiskā tualete

kimyevi tuvalet

bērnu istaba
çocuk odası

modinātājs
çalar saat
mīkstā rotaļlieta
peluş oyuncak
spēļu automašīna
oyuncak araba
grabulis
çıngırak
leļļu māja
bebek evi
dāvana
hediye

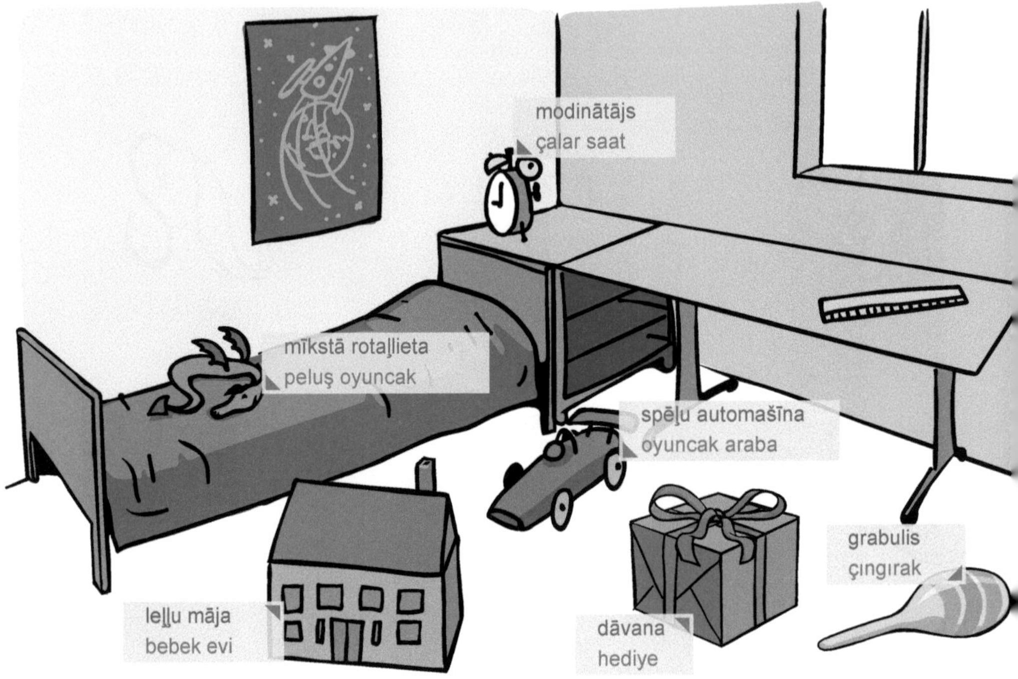

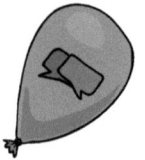

balons
balon

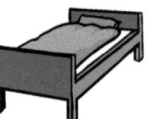

gulta
yatak

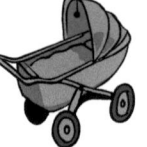

bērnu ratiņi
bebek arabası

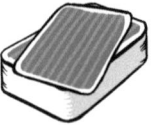

kārtis
kart destesi

puzle
yapboz

SUPER
MEGA

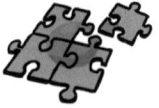

komikss
çizgi roman

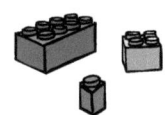

LEGO klucīši

lego tuğlaları

klucīši

lego blokları

varoņu figūra

aksiyon figürü

rāpulītis

zıbın

lidojošais šķīvītis

frizbi

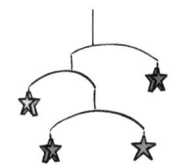

muzikālais karuselis

dönence

galda spēle

masa oyunu

metamais kauliņš

zar

rotaļu dzelzceļš

model tren seti

māneklis

emzik

ballīte

parti

bilžu grāmata

resimli kitap

bumba

top

lelle

oyuncak bebek

spēlēt

oynamak

smilšu kaste

kum havuzu

šūpoles

salıncak

rotaļlietas

oyuncaklar

spēļu konsole

video oyun konsolu

trīsritenis

üç tekerlekli bisiklet

plīša lācītis

oyuncak ayı

drēbju skapis

gardırop

apģērbs

kıyafet

īszeķes

çorap

zeķes

külotlu çorap

zeķbikses

tayt

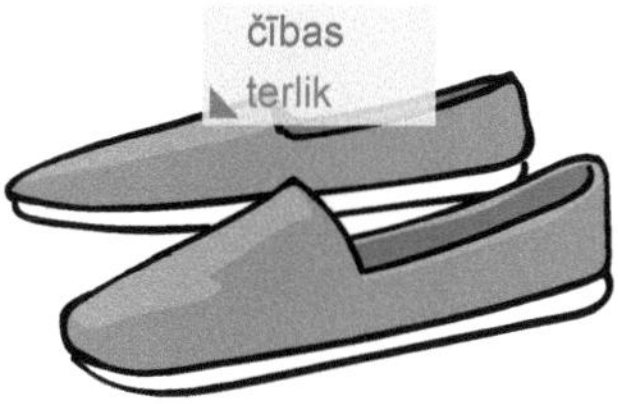

šalle
eşarp

siksna
kemer

lietussargs
şemsiye

T-krekls
tişört

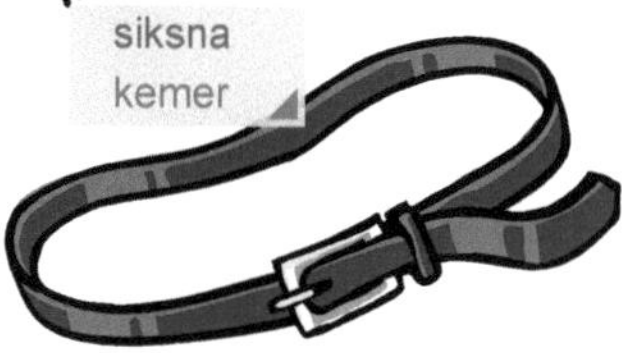

zābaks
bot

čības
terlik

botas
spor ayakkabı

sandales
·················
sandalet

kurpes
·················
ayakkabı

gumijas zābaki
·················
lastik çizme

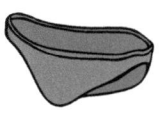

apakšbikses
·················
külot

krūšturis
·················
sütyen

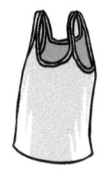

apakškrekls
·················
yelek

bodijs

dar bluz

bikses

pantolon

džinsi

kot pantolon

svārki

etek

blūze

bluz

krekls

gömlek

pulovers

kazak

džemperis

süveter

žakete

blazer

jaka

ceket

mētelis

mont

lietus mētelis

yağmurluk

kostīms

kostüm

kleita

elbise

kāzu kleita

gelinlik

uzvalks

takım elbise

naktskrekls

gecelik

pidžama

pijama

sari

sari

lakats

baş örtüsü

turbāns

türban

burka

burka

kaftāns

kaftan

abaja

çarşaf

peldkostīms

mayo

peldbikses

erkek mayosu

šorti

şort

treniņtērps

eşofman

priekšauts

önlük

cimdi

eldiven

poga

düğme

brilles

gözlük

rokassprādze

bilezik

kaklarota

kolye

gredzens

yüzük

auskars

küpe

cepure

kep

drēbju pakaramais

portmanto

platmale

şapka

kaklasaite

kravat

rāvējslēdzējs

fermuar

ķivere

kask

bikšturi

pantolon askısı

skolas forma

okul forması

uniforma

üniforma

priekšautiņš

mama önlüğü

māneklis

emzik

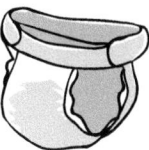

autiņbiksītes

bebek bezi

birojs
ofis

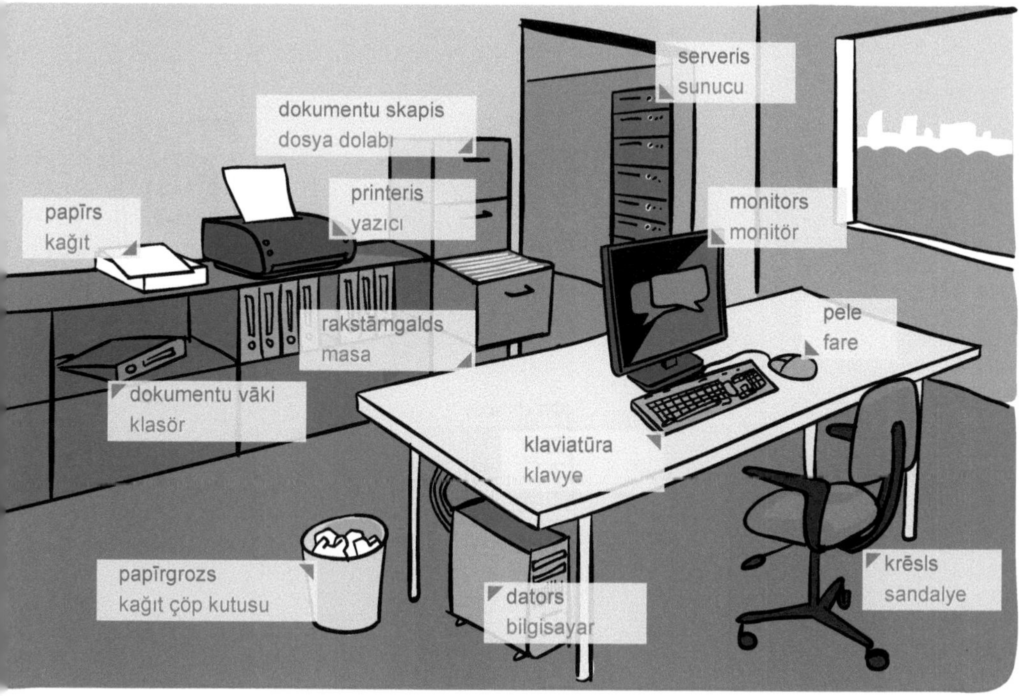

serveris
sunucu

dokumentu skapis
dosya dolabı

printeris
yazıcı

monitors
monitör

papīrs
kağıt

rakstāmgalds
masa

pele
fare

dokumentu vāki
klasör

klaviatūra
klavye

papīrgrozs
kağıt çöp kutusu

dators
bilgisayar

krēsls
sandalye

kafijas krūze

kahve fincanı

kalkulators

hesap makinesi

internets

internet

portatīvais dators

dizüstü

vēstule

mektup

ziņa

mesaj

mobilais tālrunis

cep telefonu

tīkls

ağ

kopētājs

fotokopi makinesi

programmatūra

yazılım

telefons

telefon

rozete

priz

faksa aparāts

faks makinesi

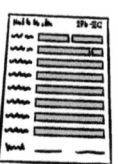

formulārs

form

dokuments

belge

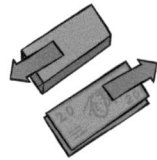

pirkt

satın almak

samaksāt

ödemek

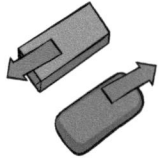

tirgot

ticaret yapmak

nauda

para

USD

dolārs

dolar

EUR

eiro

avro

JPY

jēna

yen

RUB

rublis

ruble

CHF

franks

İsviçre frangı

CNY

juaņa renminbi

Çin yuanı

INR

rūpija

rupi

bankomāts

kasa

valūtas maiņas punkts

döviz bürosu

zelts

altın

sudrabs

gümüş

nafta

petrol

enerģija

enerji

cena

fiyat

līgums

kontrat

nodoklis

vergi

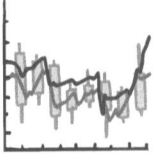

akcija

menkul değer

strādāt

çalışmak

darbinieks

işveren

darba devējs

işçi

fabrika

fabrika

veikals

mağaza

profesijas
meslekler

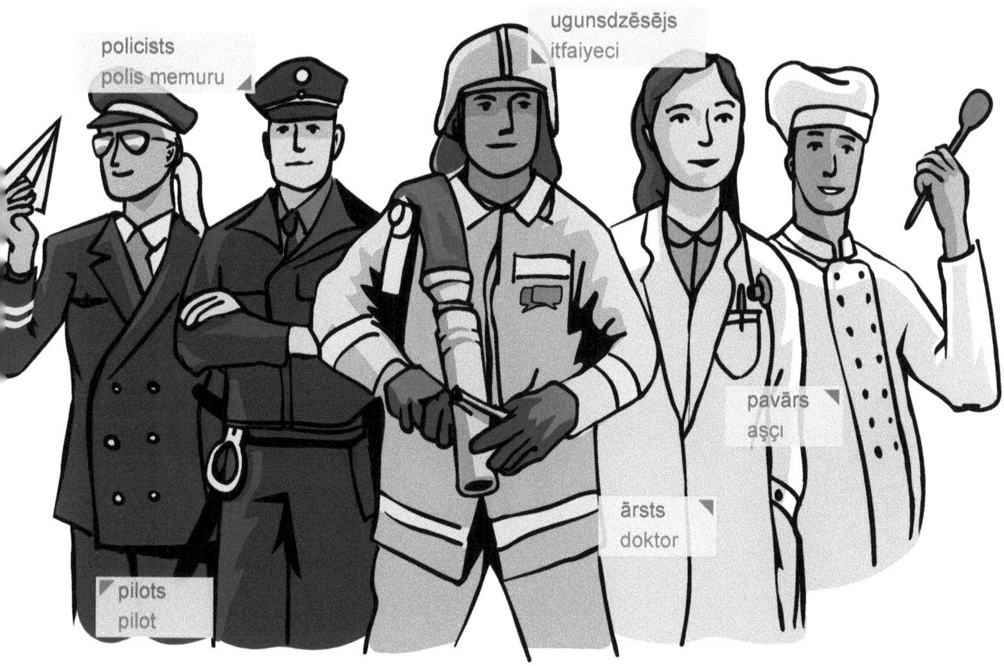

policists
polis memuru
ugunsdzēsējs
itfaiyeci
pavārs
aşçı
ārsts
doktor
pilots
pilot

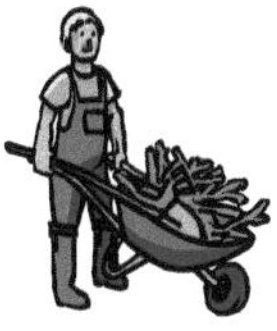

dārznieks
bahçıvan

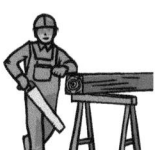

galdnieks
marangoz

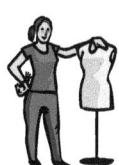

šuvēja
terzi

tiesnesis
hakim

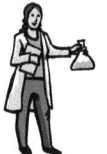

ķīmiķis
kimyager

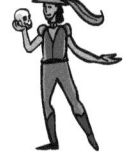

aktieris
aktör

autobusa vadītājs

otobüs şoförü

taksometra vadītājs

taksi şoförü

zvejnieks

balıkçı

apkopēja

temizlikçi

jumiķis

çatı ustası

viesmīlis

garson

mednieks

avcı

gleznotājs

boyacı

maiznieks

fırıncı

elektriķis

elektrikçi

celtnieks

inşaatçı

inženieris

mühendis

miesnieks

kasap

skārdnieks

muslukçu

pastnieks

postacı

karavīrs	arhitekts	kasieris
asker	mimar	kasiyer

florists	frizieris	konduktors
çiçekçi	kuaför	kondüktör

mehāniķis	kapteinis	zobārsts
tamirci	kaptan	dişçi

zinātnieks	rabīns	imāms
bilim insanı	haham	imam

mūks	mācītājs	
keşiş	rahip	

instrumenti
aletler

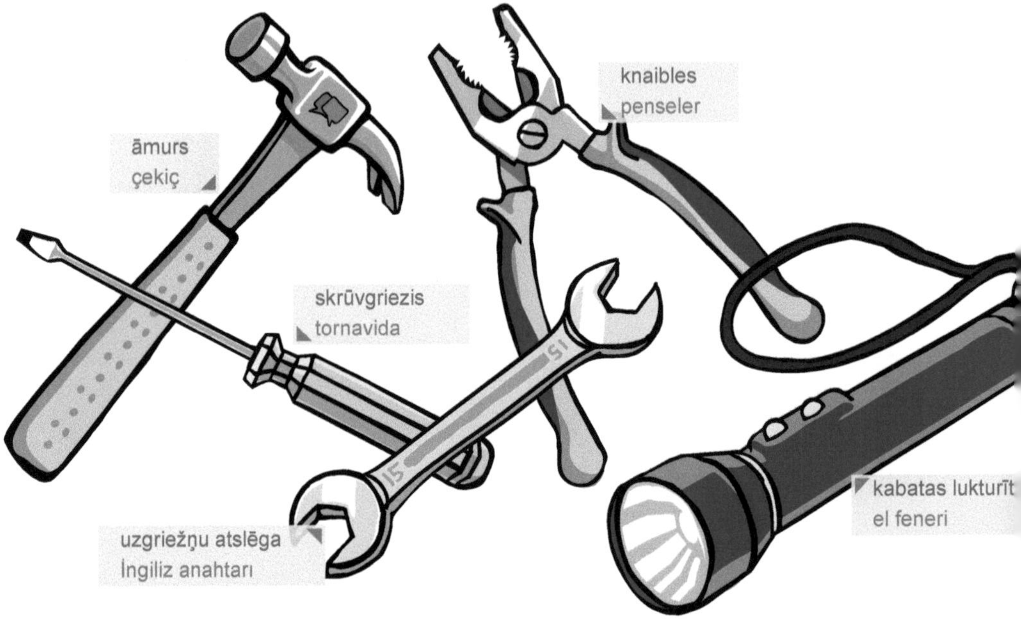
knaibles
penseler
āmurs
çekiç
skrūvgriezis
tornavida
kabatas lukturīt
el feneri
uzgriežņu atslēga
İngiliz anahtarı

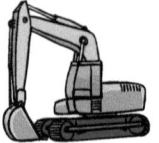

ekskavators

kazı makinesi

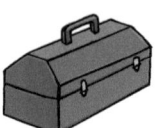

instrumentu kaste

alet çantası

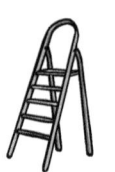

kāpnes

merdiven

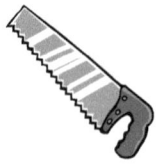

zāģis

testere

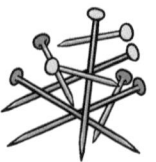

naglas

çiviler

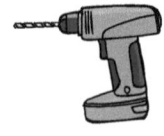

urbis

matkap

remontēt
tamir etmek

lāpsta
kürek

Velns!
Kahretsin!

liekšķere
faraş

krāsas bundža
boya tenekesi

skrūves
vidalar

mūzikas instrumenti
müzik enstrümanı

bungas
bateri seti

skaļrunis
hoparlör

ģitāra
gitar

kontrabass
kontrbas

trompete
trompet

klavieres

piyano

vijole

keman

bass

basgitar

timpāni

timpani

bungas

bateri

digitālās klavieres

klavye

saksofons

saksafon

flauta

flüt

mikrofons

mikrofon

zooloģiskais dārzs
hayvanat bahçesi

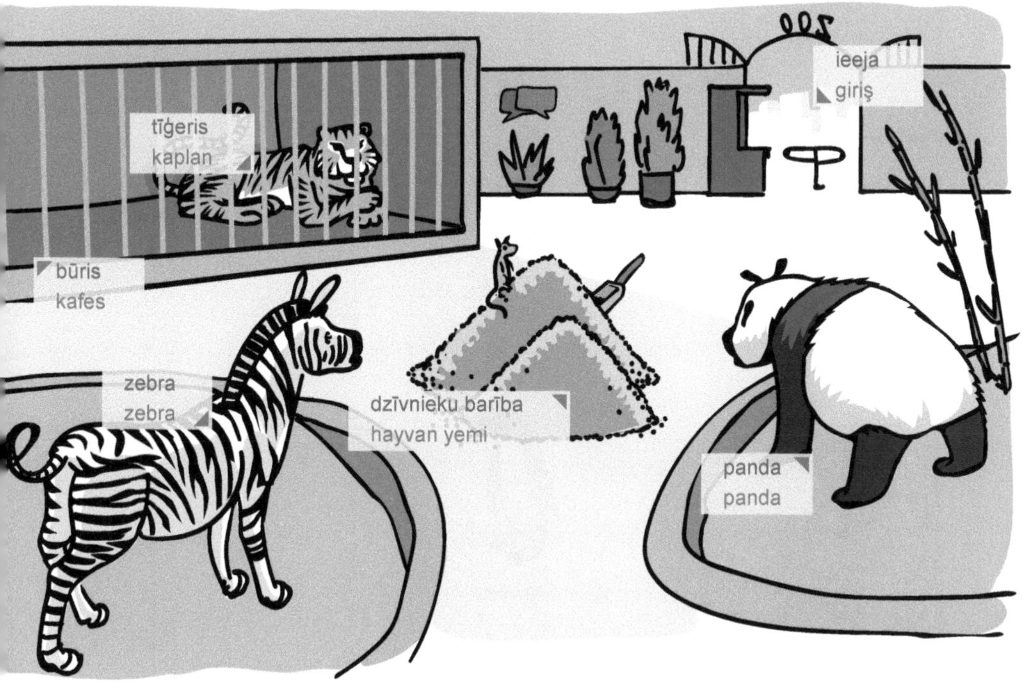
zoo
ieeja
giriş
tīģeris
kaplan
būris
kafes
zebra
zebra
dzīvnieku barība
hayvan yemi
panda
panda

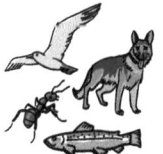

dzīvnieki

hayvanlar

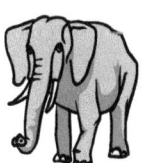

zilonis

fil

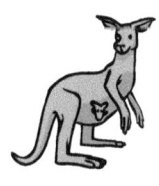

ķengurs

kanguru

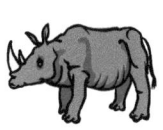

degunradzis

gergedan

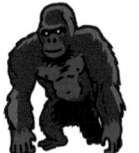

gorilla

goril

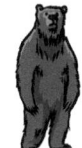

lācis

ayı

kamielis

deve

strauss

deve kuşu

lauva

aslan

pērtiķis

maymun

flamings

flamingo

papagailis

papağan

polārlācis

kutup ayısı

pingvīns

penguen

haizivs

köpek balığı

pāvs

tavus kuşu

čūska

yılan

krokodils

timsah

zoodārza sargs

hayvanat bahçesi görevlisi

ronis

fok

jaguārs

jaguar

ponijs

midilli atı

leopards

leopar

nīlzirgs

su aygırı

žirafe

zürafa

ērglis

kartal

meža cūka

yaban domuzu

zivs

balık

bruņurupucis

kaplumbağa

valzirgs

mors

lapsa

tilki

gazele

ceylan

amerikāņu futbols
amerikan futbolu

riteņbraukšana
bisiklete binme

teniss
tenis

basketbols
basketbol

peldēšana
yüzme

bokss
boks

hokejs
buz hokeyi

futbols
futbol

badmintons
badminton

vieglatlētika
atletizm

rokas bumba
hentbol

slēpošana
kayak

polo
polo

darbības
etkinlikler

lēkt
atlamak
apskaut
sarılmak
smieties
gülmek
iet
yürümek
dziedāt
söylemek
sapņot
hayal etmek
lūgt
dua etmek
skūpstīt
öpmek

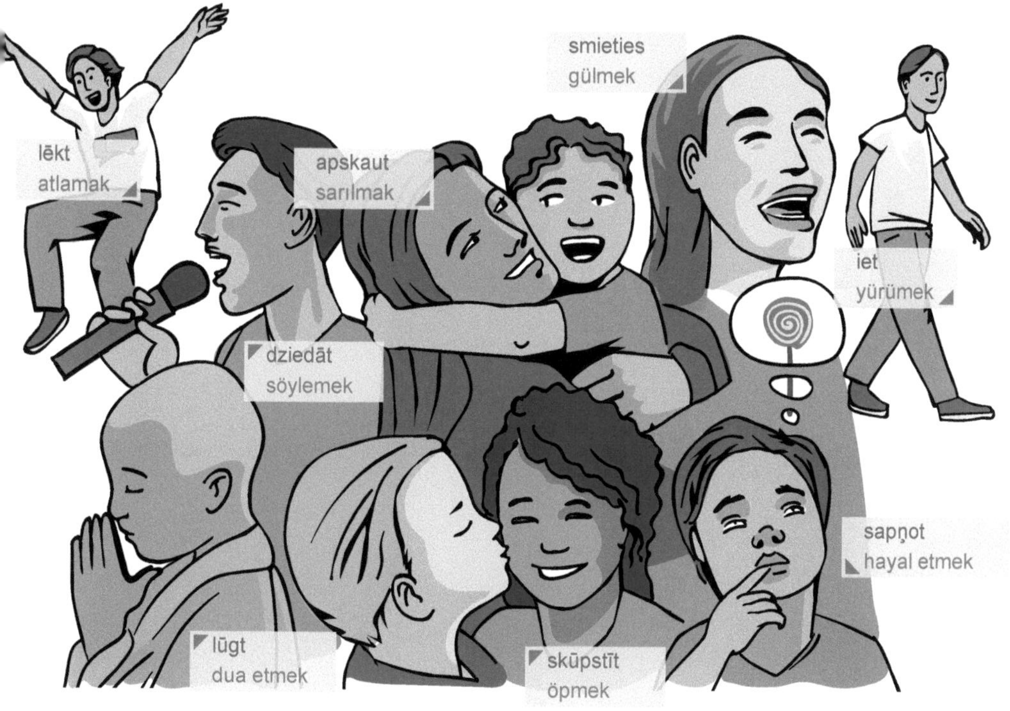

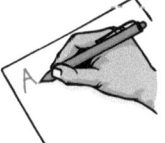

rakstīt
yazmak

zīmēt
çizmek

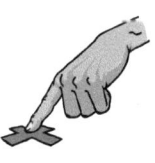

rādīt
göstermek

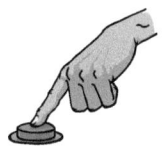

spiest
itmek

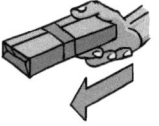

dot
vermek

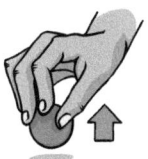

ņemt
almak

būt

sahip olmak

darīt

yapmak

būt

olmak

stāvēt

ayakta durmak

skriet

koşmak

vilkt

çekmek

mest

atmak

krist

düşmek

gulēt

yalan söylemek

gaidīt

beklemek

nest

taşımak

sēdēt

oturmak

uzģērbt

giyinmek

gulēt

uyumak

pamosties

uyanmak

skatīties
bakmak

raudāt
ağlamak

glāstīt
vurmak

ķemmēt
taramak

runāt
konuşmak

saprast
anlamak

jautāt
sormak

dzirdēt
dinlemek

dzert
içmek

ēst
yemek

sakārtot
düzenlemek

mīlēt
sevmek

vārīt
pişirmek

braukt
sürmek

lidot
uçmak

darbības - etkinlikler

burot

denize açılmak

rēķināt

hesapla

lasīt

okumak

mācīties

öğrenmek

strādāt

çalışmak

precēties

evlenmek

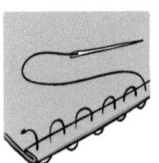

šūt

dikmek

tīrīt zobus

diş fırçalamak

nogalināt

öldürmek

smēķēt

sigara içmek

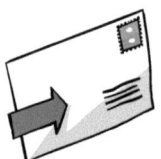

sūtīt

yollamak

ģimene
aile

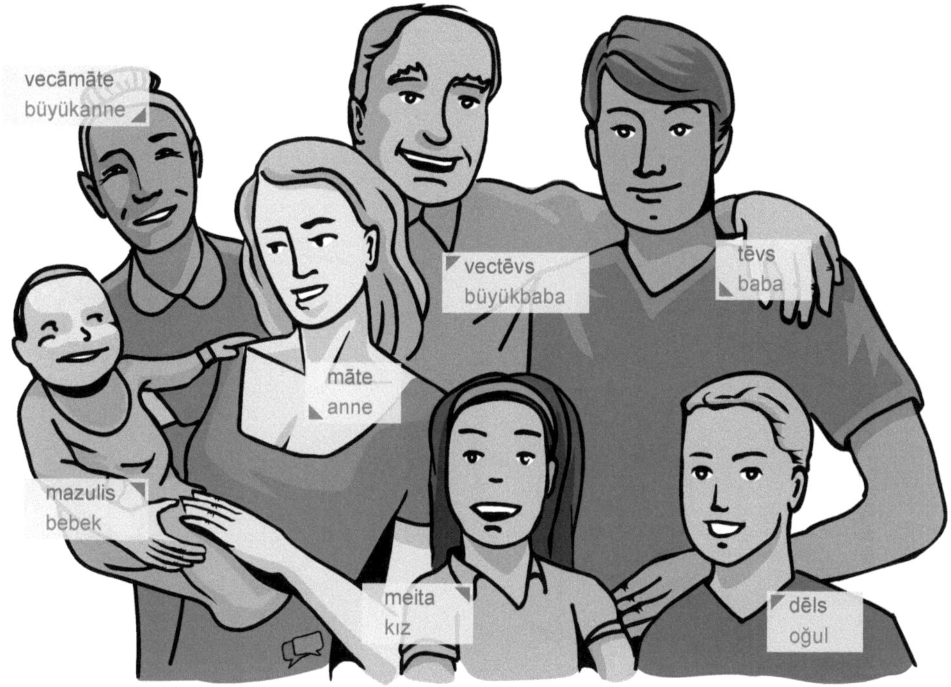

vecāmāte
büyükanne
vectēvs
büyükbaba
tēvs
baba
māte
anne
mazulis
bebek
meita
kız
dēls
oğul

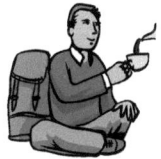

viesis
misafir

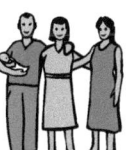

tante
teyze

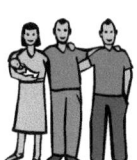

onkulis
amca

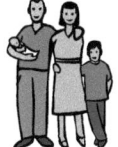

brālis
erkek kardeş

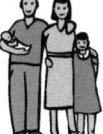

māsa
kız kardeş

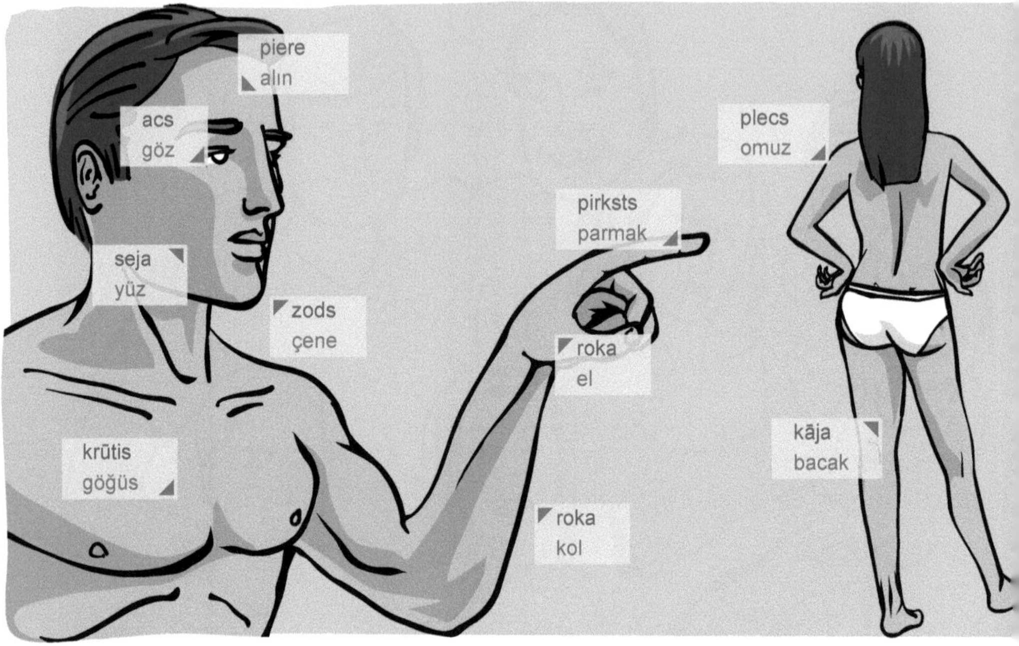

piere
alın

acs
göz

plecs
omuz

pirksts
parmak

seja
yüz

zods
çene

roka
el

krūtis
göğüs

kāja
bacak

roka
kol

mazulis

bebek

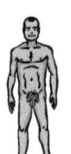

vīrietis

adam

sieviete

kadın

meitene

kız

zēns

erkek çocuk

galva

baş

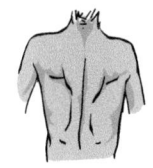

mugura

sırt

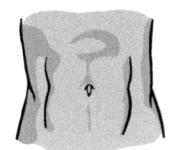

vēders

karın

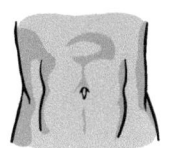

naba

göbek

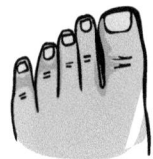

kājas pirksts

ayak parmağı

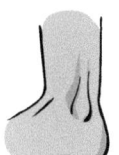

papēdis

topuk

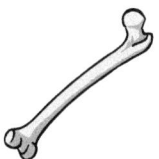

kauls

kemik

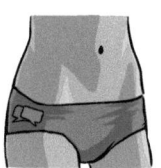

gurns

kalça

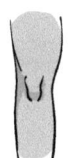

celis

diz

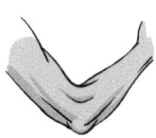

elkonis

dirsek

deguns

burun

dibens

kalça

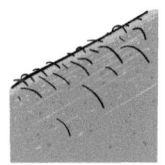

āda

deri

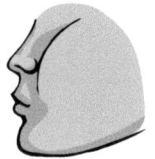

vaigs

yanak

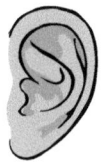

auss

kulak

lūpa

dudak

mute
ağız

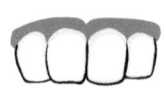

zobs
diş

mēle
dil

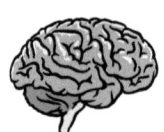

smadzenes
beyin

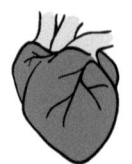

sirds
kalp

muskulis
kas

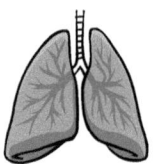

plaušas
akciğer

aknas
karaciğer

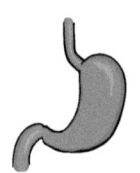

kuņģis
mide

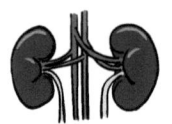

nieres
böbrekler

dzimumakts
seks

kondoms
prezervatif

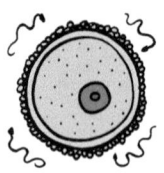

olšūna
yumurtalık

sperma
sperm

grūtniecība
hamilelik

ķermenis - vücut

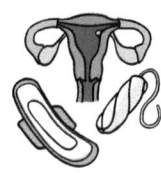

menstruācijas
....
regl

vagīna
....
vajina

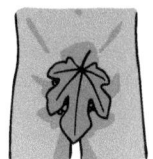

penis
....
penis

uzacs
....
kaş

mati
....
saç

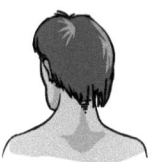

kakls
....
boyun

slimnīca
hastane

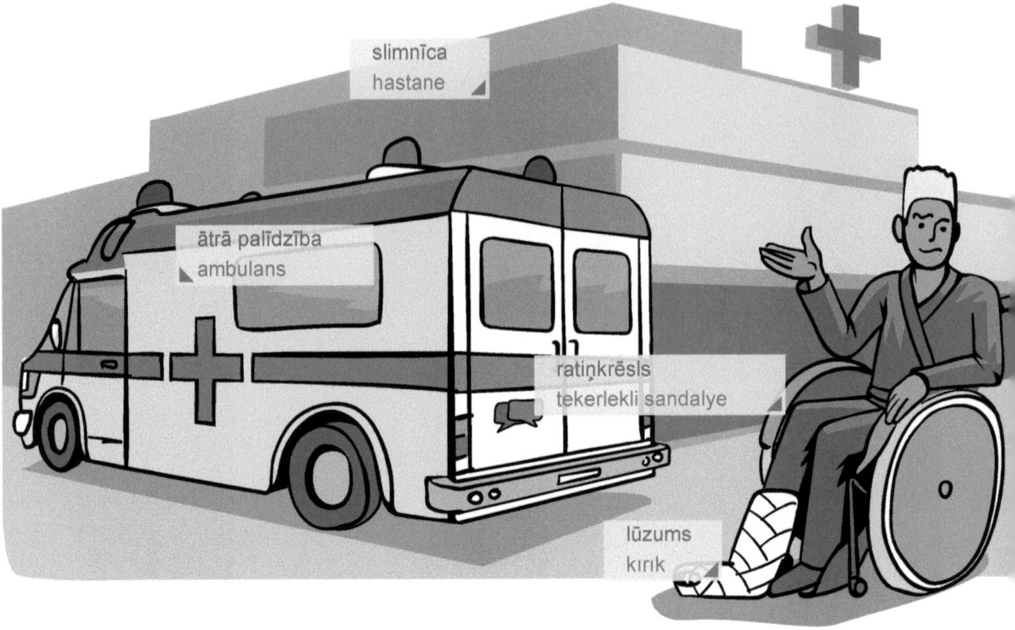

slimnīca
hastane
ātrā palīdzība
ambulans
ratiņkrēsls
tekerlekli sandalye
lūzums
kırık

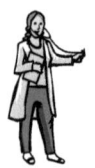

ārsts
doktor

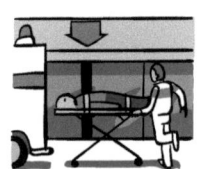

neatliekamās palīdzības nodaļa
acil servis

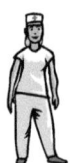

medmāsa
hemşire

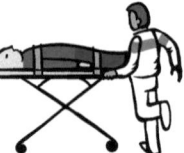

ārkārtas gadījums
acil

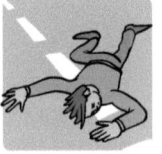

paģībis
baygın

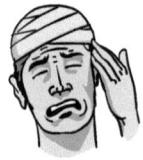

sāpes
acı

ievainojums

yaralanma

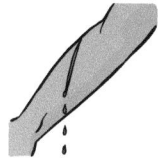

asiņošana

kanama

sirdslēkme

kalp krizi

insults

felç

alerģija

alerji

klepus

öksürük

temperatūra

ateş

gripa

grip

caureja

ishal

galvassāpes

baş ağrısı

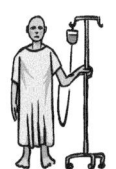

vēzis

kanser

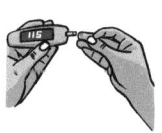

diabēts

şeker hastalığı

ķirurgs

cerrah

skalpelis

neşter

operācija

operasyon

datortomogrāfija

bilgisayarlı tomografi

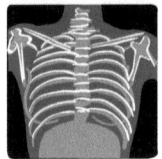

rentgents

röntgen

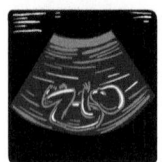

ultraskaņa

ultrason

sejas maska

yüz maskesi

slimība

hastalık

uzgaidāmā telpa

bekleme odası

kruķis

koltuk değneği

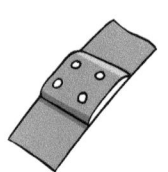

plāksteris

yara bandı

apsējs

bandaj

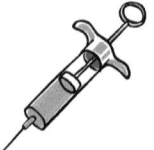

injekcija

enjeksiyon

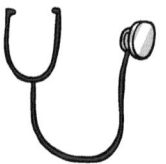

stetoskops

steteskop

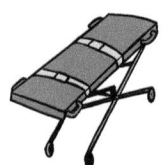

nestuves

sedye

termometrs

tıbbi termometre

dzemdības

doğum

liekais svars

fazla kilo

dzirdes aparāts

işitme cihazı

dezinfekcijas līdzeklis

dezenfektan

infekcija

enfeksiyon

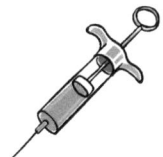

vīruss

virüs

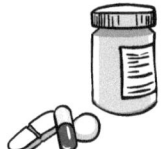

HIV / AIDS

HIV / AIDS

zāles

ilaç

pote

aşı

tabletes

tablet

pretapaugļošanās tablete

hap

ārkārtas izsaukums

acil çağrı

asinsspiediena mērītājs

tansiyon aleti

slims / vesels

hasta / sağlıklı

Palīgā!

İmdat!

trauksme

alarm

uzbrukums

darp

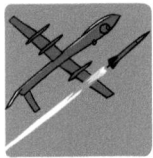

uzbrukums

saldırı

bīstamība

tehlike

avārijas izeja

acil çıkış

Uguns!

Yangın!

ugunsdzēšamais aparāts

yangın tüpü

negadījums

kaza

pirmās palīdzības aptieciņa

ilk yardım çantası

SOS

imdat

policija

polis

Eiropa

Avrupa

Ziemeļamerika

Kuzey Amerika

Dienvidamerika

Güney amerika

Āfrika

Afrika

Āzija

Asya

Austrālija

Avustralya

Atlantijas okeāns

Atlantik

Klusais okeāns

Pasifik

Indijas okeāns

Hint Okyanusu

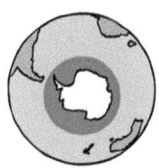

Dienvidu okeāns

Antarktika Okyanusu

Ziemeļu ledus okeāns

Arktik Okyanusu

Ziemeļpols

Kuzey Kutbu

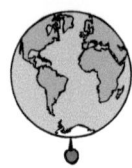

Dienvidpols

Güney Kutbu

Antarktika

Antarktika

zeme

dünya

zeme

kara

jūra

deniz

sala

ada

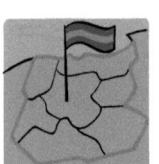

nācija

ulus

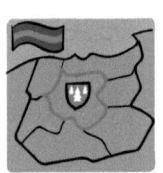

valsts

ülke

ciparnīca

kadran

stundu rādītājs

akrep

minūšu rādītājs

yelkovan

sekunžu rādītājs

saniye ibresi

Cik ir pulkstenis?

Saat kaç?

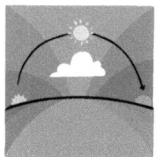

diena

gün

laiks

zaman

tagad

şimdi

digitālais pulkstenis

dijital saat

minūte

dakika

stunda

saat

nedēļa
hafta

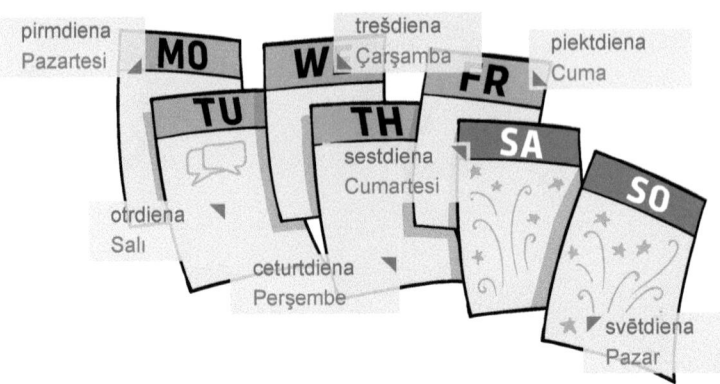

pirmdiena
Pazartesi

trešdiena
Çarşamba

piektdiena
Cuma

otrdiena
Salı

sestdiena
Cumartesi

ceturtdiena
Perşembe

svētdiena
Pazar

vakardien
dün

šodien
bugün

rītdien
yarın

rīts
sabah

pusdienlaiks
öğle

vakars
akşam

MO	TU	WE	TH	FR	SA	SU
1	2	3	4	5	6	7
8	9	10	11	12	13	14
15	16	17	18	19	20	21
22	23	24	25	26	27	28
29	30	31	1	2	3	4

darbadienas
iş günleri

MO	TU	WE	TH	FR	SA	SU
1	2	3	4	5	6	7
8	9	10	11	12	13	14
15	16	17	18	19	20	21
22	23	24	25	26	27	28
29	30	31	1	2	3	4

brīvdienas
hafta sonu

gads
yıl

lietus
yağmur
varavīksne
gökkuşağı
sniegs
kara
vējš
rüzgar
pavasaris
bahar
rudens
sonbahar
vasara
yaz
ziema
kış

4.APRIL 11°
5.APRIL 4°
6.APRIL 13°
7.APRIL 8°
8.APRIL 10°

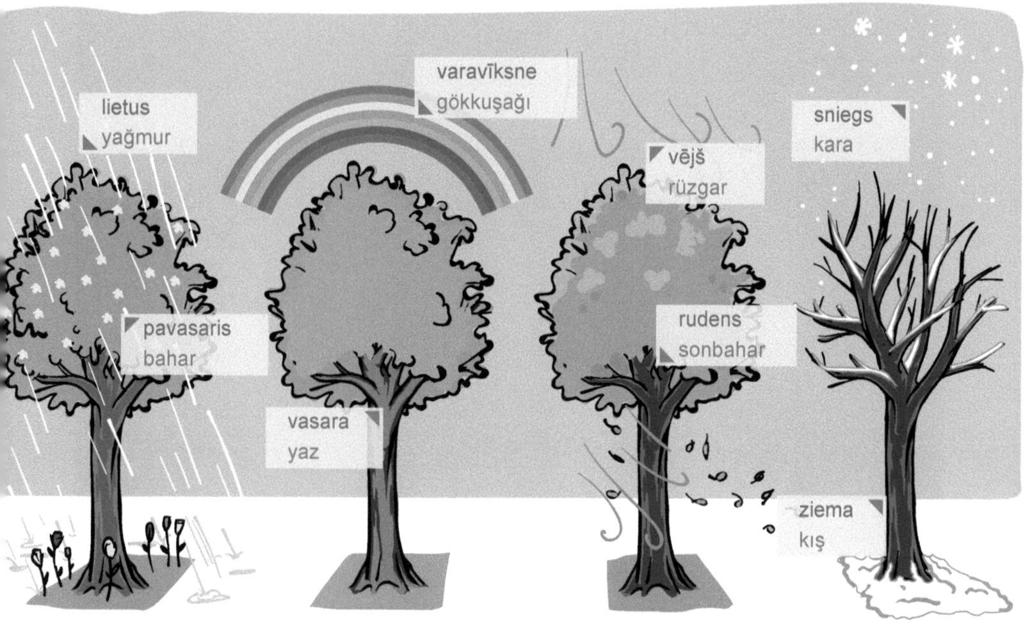

laika prognoze

hava durumu tahmini

F C
120 40
90 30
60 20
30 10
0 0
-30 -10
-20

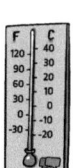

termometrs

termometre

saules gaisma

güneş ışığı

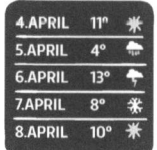

mākonis

bulut

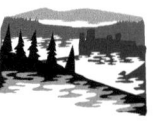

migla

sis

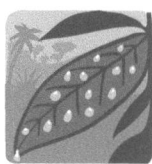

gaisa mitrums

nem

zibens

şimşek

pērkons

gök gürültüsü

vētra

fırtına

krusa

dolu

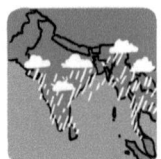

musons

muson

plūdi

sel

ledus

buz

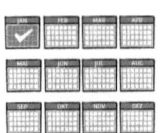

janvāris

Ocak

februāris

Şubat

marts

Mart

aprīlis

Nisan

maijs

Mayıs

jūnijs

Haziran

jūlijs

Temmuz

augusts

Ağustos

gads - yıl

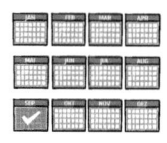

septembris
....
Eylül

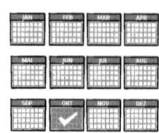

oktobris
....
Ekim

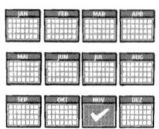

novembris
....
Kasım

decembris
....
Aralık

formas
şekiller

aplis
....
daire

kvadrāts
....
kare

četrstūris
....
dikdörtgen

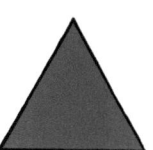

trīsstūris
....
üçgen

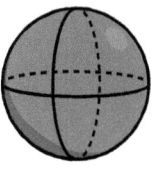

lode
....
küre

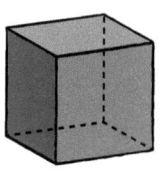

kubs
....
küp

balts

beyaz

dzeltens

sarı

oranžs

turuncu

sārts

pembe

sarkans

kırmızı

lillā

mor

zils

mavi

zaļš

yeşil

brūns

kahverengi

pelēks

gri

melns

siyah

daudz / maz
çok / az

saniknots / miermīlīgs
kızgın / sakin

skaists / neglīts
güzel / çirkin

sākums / beigas
başlangıç / son

liels / mazs
büyük / küçük

gaišs / tumšs
parlak / karanlık

brālis / māsa
erkek kardeş / kız kardeş

tīrs / netīrs
temiz / kirli

pilnīgs / nepilnīgs
tamam / eksik

diena / nakts
gün / gece

miris / dzīvs
ölü / canlı

plats / šaurs
geniş / dar

baudāms / nebaudāms

yenilebilir / yenilemez

nikns / laipns

kötü / iyi

satraukts / garlaikots

heyecanlı / sıkılmış

resns / tievs

şişman / zayıf

pirmais /pēdējais

ilk / son

draugs / ienaidnieks

dost / düşman

pilns / tukšs

dolu / boş

ciets / mīksts

sert / yumuşak

smags / viegls

ağır / hafif

izsalkums / slāpes

açlık / susuzluk

slims / vesels

hasta / sağlıklı

nelegāls / legāls

yasa dışı / yasal

inteliģents / dumjš

zeki / aptal

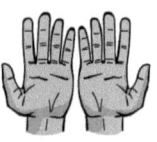

kreisais / labais

sol / sağ

tuvu / tālu

yakın / uzak

jauns / lietots

yeni / kullanılmış

nekas / kaut kas

hiçbir şey / bir şey

vecs / jauns

yaşlı / genç

ieslēgts / izslēgts

açma / kapama

atvērts / slēgts

açık / kapalı

kluss / skaļš

sessiz / gürültülü

bagāts / nabags

zengin / fakir

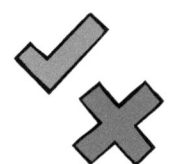

pareizi / nepareizi

doğru / yanlış

raupjš / gluds

pürüzlü / düz

noskumis / laimīgs

üzgün / mutlu

īss / garš

kısa / uzun

lēns / ātrs

yavaş / hızlı

slapjš / sauss

ıslak / kuru

silts / vēss

sıcak / serin

karš / miers

savaş / barış

0

nulle
sıfır

1

viens
bir

2

divi
iki

3

trīs
üç

4

četri
dört

5

pieci
beş

6

seši
altı

7

septiņi
yedi

8

astoņi
sekiz

9

deviņi
dokuz

10

desmit
on

11

vienpadsmit
on bir

12	**13**	**14**
divpadsmit	trīspadsmit	četrpadsmit
on iki	on üç	on dört

15	**16**	**17**
piecpadsmit	sešpadsmit	septiņpadsmit
on beş	on altı	on yedi

18	**19**	**20**
astoņpadsmit	deviņpadsmit	divdesmit
on sekiz	on dokuz	yirmi

100	**1.000**	**1.000.000**
simts	tūkstotis	miljons
yüz	bin	milyon

anglu

İngilizce

amerikāņu anglu

Amerikan İngilizcesi

ķīniešu mandarīnu valoda

Çince (Mandarin)

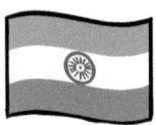

hindi

Hintçe

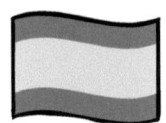

spāņu

İspanyolca

franču

Fransızca

arābu

Arapça

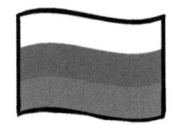

krievu

Rusça

portugāļu

Portekizce

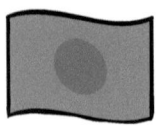

bengāļu

Bengalce

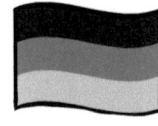

vācu

Almanca

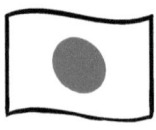

japāņu

Japonca

es

ben

tu

sen

viŋš / viŋa

o

mēs

biz

jūs

siz

viŋi / viŋas

onlar

kas?

kim?

ko?

ne?

kā?

nasıl?

kur?

nerede?

kad?

ne zaman?

vārds

isim

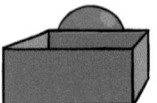

aiz

arkasında

iekšā

içinde

priekšā

önünde

virs

üzerinde

uz

üstünde

zem

altında

blakus

yanında

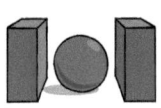

starp

arasında

vieta

yer